Hipótesis del sueño
(Antología personal)

PIEDRA DE LA LOCURA

Colección

Collection

STONE OF MADNESS

Miguel Falquez-Certain

HIPÓTESIS DEL SUEÑO

(ANTOLOGÍA PERSONAL)

Nueva York Poetry Press®

Nueva York Poetry Press LLC
128 Madison Avenue, Oficina 2RS
New York, NY 10016, USA
Teléfono: +1(929)354-7778
nuevayork.poetrypress@gmail.com
www.nuevayorkpoetrypress.com

**Hipótesis del sueño
(Antología personal)
© 2019 Miguel Falquez-Certain**

ISBN-13: 978-1-950474-04-2
ISBN-10: 1-950474-04-6

© Colección *Piedra de la locura vol. 7*
Antologías personales
(Homenaje a Alejandra Pizarnik)

© Prólogo: Fabio Rodríguez Amaya

© Contraportada:
Fabio Rodríguez Amaya, Reinaldo Arenas y Meira Delmar

© Concepto de colección y edición:
Marisa Russo

© Coordinador editorial y compilador:
Fredy Yezzed

© Cuidado de edición:
Miguel Falquez-Certain y Fredy Yezzed

© Diseño de colección y cubierta:
William Velásquez Vásquez

© Pintura de portada:
Maestro Jorge Posada
Saint Sebastian VII
Oil and charcoal on paper (39"x27")

© Fotografías del autor:
Joaquín Méndez Gaztambide

Miguel Falquez-Certain
Hipótesis del sueño (Antología personal) /Miguel Falquez-Certain; 1a edi-- New York: Nueva York Poetry Press, 2018. 128p. 6"x9".

1. Poesía colombiana. 2. Poesía latinoamericana. 3. Literatura latinoamericana.

A Joaquín Méndez Gaztambide,
compañero de ruta desde 1983,
por su amor incondicional

A Fredy Yezzed,
por su hermosa amistad

PRÓLOGO

Por Fabio Rodríguez Amaya
Università di Bergamo

De una comarca insospechada los signos recalan raudos e intensos. En secreto, danzan creando volutas gráciles mientras se organizan en palabras que, intrépidas, echan raíces en la página, para componer – como si se tratara del Leteo en creciente – los poemas de este generoso y compacto *Hipótesis del sueño* en el único espacio que no existe: el del tiempo.

Seis libros escritos por el barranquillero Miguel Falquez-Certain en el arco de treinta años pueden aparecer ante una mirada desganada – la más común, por cierto – como "un libro más". Pero es suficiente una primera y atenta lectura para constatar que la prevención carece de sentido y su originalidad desmiente el desaire del incrédulo. Y lo cautiva.

Se trata de seis libros proteicos, plenos e innovadores, organizados de manera misteriosa y emblemática. Al concluir la lectura, se tiene la certidumbre que ante los ojos hay una poesía leve y etérea como una nube y grave y compacta como el magma. Por demás, parece escrita de un jalón como si los intervalos entre un libro y otro fueran artificio retórico, urgencia formal mas nunca discontinuidad de lenguaje, ni de tono y mucho menos de matiz. Por el contrario, se percibe que es resultado de una mesurada sabiduría en la elaboración textual. Y esto los vuelve fatalmente seductores.

Si "el mito es un pasado que también es un futuro", como afirma Octavio Paz, y si esta poesía se coloca en el no-tiempo (el espacio del mito), se halla una perfecta sintonía entre el título del poemario y los poemas que lo componen.

Hipótesis del sueño se desplaza desde un atormentado pasado reciente del adulto hasta un angustioso pasado remoto del adolescente. Se trata sin duda alguna del regreso al presente sereno y equilibrado de un pasado que, al proyectarse al también inexistente futuro, se aleja de nuevo o, cuanto menos, toma las distancias para configurar una realidad "otra", más allá del tiempo, del espacio y del mismo lenguaje. Es patente la continuidad, sin saltos ni exabruptos, de la adolescencia a la adultez. No sólo por el modo como el lenguaje va decantando sino por los altos niveles expresivos que el poeta alcanza en este viaje. Sin pérdida de tensión, sin resbalón o trampa alguna, la palabra se agiganta y el cuerpo textual se consolida.

Hipótesis del sueño sorprende y exhorta a pensar en Ungaretti, Quasimodo, Montale y los herméticos italianos y, en el mundo hispánico, entre otros, en Lezama Lima o Francisco Brines. Y encanta por la mesurada utilización del lenguaje que alterna idioma corriente, cultismos y jerga coloquial. Por momentos el poema se va para regresar cargado de una expresividad compleja, inagotable y singular.

En esos desplazamientos, la voz poética (no el poeta) va trazando geografías de vida, historias de amor, relatos de encuentros, dramas de desencuentros, tratados de humanidad, gestas de olvido, tragedias de la memoria, actualización de cosmogonías, mitologías personales, para al final permitir que el lector esboce un fresco existencial del yo lírico en que, en el medio de los eventos extremos de la vida y la muerte, se coloca la poesía.

Porque en *Hipótesis del sueño* esa proeza indefinible que se llama poesía media entre lo material y lo inmaterial, entre los dioses, los héroes y los hombres y, al ser evento arquetípico y revelador de verdades incontestables, se convierte en puerto seguro para quien a ella se avecina. Poesía, pues, como experiencia vital que es simultáneamente conocimiento, reflexión, evento subversivo, apostasía de la no-vida. Poesía la de Falquez-Certain sin esteticismo falaz, sin ecos vanguardistas pero sí con un gusto por lo experimental, lo sacrílego y lo iconoclasta, capaz de sancionar la alianza entre lo cotidiano y lo sobrenatural. Y, en este caso, elaborada en ciclos precisos, con núcleos temáticos certeros, trasegados con sosiego y entereza, a través de los cuales se objetiva la experiencia vital, física y espiritual en instancias verbales únicas e irrepetibles.

"La historia de la poesía moderna es la de la fascinación que han experimentado los poetas por las construcciones de la razón crítica", escribe Octavio Paz interpretando a los románticos. Quizás esta última corresponda al "mañana" del título y, por lo tanto, se trate del futuro que no existe y, por ende, este libro afirma el tiempo sin fechas de la sensibilidad y la quimera del "ayer" que se ha esfumado pero queda registrado en la palabra directa que redondea el poemario, y sigla la alianza entre lo fantástico y lo real.

Es que aquí se percibe la experiencia poética ya no más como ejercicio de la crítica, ni como devaneo filosófico o afán teórico. Tampoco pretende ser un continuum lógico, ni hacer derroche de una cohesión discursiva – que la tiene – sino que aparece como una totalidad de la que son protagonistas alma y cuerpo.

Y el cuerpo está modelado por el silencio. Y este cuerpo muerde, besa, acaricia, araña, humedece, penetra, jadea, rasga, suda. Y el alma está cincelada por el grito. Y esta alma es voluptuosa, rijosa, lúdica, carnal, lujuriosa, sensual, bondadosa, insaciable.

Y cuerpo y alma juntos se deslizan por los dédalos de la ensoñación erótica y la pulsión sexual, por los ríos profundos de la pasión, por las sendas secretas de la vida. Se asiste así a una exaltación del ser, no como objeto sino como sujeto erótico porque el amor es transgresión de las normas, es eversión y superación del mundo circundante. El poema entonces no es sólo objeto verbal sino acto de entrega, desgarre vital, remanso pasional que, acompañado por sólidos cimientos culturales, converge en una unidad inextricable que da vida al universo personal del poeta.

Y se ve que éste ha caminado calles, recorrido ciudades, surcado ríos, navegado mares, visitado países y visto el mundo. Sin duda. Hasta afincarse en su Nueva York de siempre, que conoce, de mano de su padre, con careta y arneses de mago, a la edad de catorce años. Y se ve que ha sufrido descalabros, experimentado vicios, adquirido títulos, arriesgado soledades, sentido frío, saltado de la exaltación del encuentro al desengaño y el dolor del abandono.

No es urgente aquí indagar sobre los temas por grandes o chicos, trascendentales o pueriles que sean. Interesa más excavar hasta llegar a la médula del verso. Así el lector descubre que los textos de Falquez-Certain son, simultáneamente, paganos y sagrados, idealistas y materialistas. El lector comprueba que se trata de una poesía material (de materia, de texturas, de sabores, colores, sonidos y olores); que no se limita a ser canto sino por el contrario se yergue como invocación: "Vengo buscando tu forma / camino a la nostalgia"; como plegaria: "No quiero tu mirada triste / ni ser la sombra de tu sombra"; como aserción: "Un día me instalé en tu vida sin preguntar tu nombre"; como explosión, ora de dolor: "Grito gritando con el llanto", ora de alegría: "Tú y yo para florecer la vida / sembrando rosas", ora de desencanto: "Los lazos humanos son tan frágiles / como burbujas de jabón", a demostración que la escritura mantiene viva y activa la memoria: "Un día de pájaros azules / rompí las geometrías del destino".

El lector constata que se trata de una poesía generosa que brinda mil informaciones y posibilidades interpretativas, permeada a veces por un gusto pictórico que a Falquez-Certain le resulta imposible esconder. Y comprueba que esta poesía lentamente integra lo abstracto y anicónico a lo orgánico y figurativo, la esencia a la sustancia, lo fugaz a lo eterno, lo físico a lo metafísico.

No interesa aquí indagar tampoco sobre lo libresco que aparece en superficie, sino verificar que el poeta se pone interrogativos profundos. Así, el destino "se forja en la palabra y en ella habitas" o "es inescrutable en las circunstancias del presente"; la vida es una aventura en que, una vez cumplida, "¿de qué nos sirve ganar el alma / si al final perdemos el mundo?"; el azar "jamás será abolido, es menester que volvamos a empezar"; la muerte mantiene en acecho la vida y "Tu triunfo es vencernos, indudablemente, pero el nuestro es encerrarte en la cuartilla"; el mundo "es todo aquello que la hipótesis incluye" o "es una añagaza en donde los muertos sobreviven"; el amor "es reflejo de un pasado que se adentra en un presente inconcluso"; el pasado y el deseo "ahora viven martillando el contubernio maldito, insospechado"; la sangre es "un símbolo en la bandera de la patria boba"; la partícula "existe ahora donde antes nada había"; la libertad "es una palabra esculpida en una estatua"; y sobre la escritura misma: "No es necesario que la palabra habite entre nosotros, si nosotros le devolvemos la muerta vida" o "El texto antagoniza al mundo esbozando su reflejo".

No obstante, el valor más significativo radica, quizá, en el silencio, en lo no dicho, en lo omitido voluntariamente en los blancos de la página y, al mismo nivel de importancia, en la construcción de una mitología personal en que se funden sapiencia expresiva, talento innegable, oficio certero y cosmovisión integral. A estos cuatro ingredientes (indispensables para alcanzar la categoría del arte) se suman experiencias íntimas, geografías físicas y urbanas concretas, historias de vida vivida, narraciones originarias, mitos universales. El todo ubicado en una triangulación espacial definida en dos ciudades y un continente: Nueva York, Barranquilla y Europa.

Falquez-Certain no se substrae del entorno porque en la verdad y la mentira humanas halla un humus fértil y en el caos del mundo funda lo transmisible. En lo urbano va tejiendo actos virtuosos o anodinos; en calles y cafés, habitaciones y lechos afinca la materia verbal en que descubre la libertad total de la escritura.

Libertad en el uso y extensión de la métrica, en la dilatación o contracción del poema, en la alternancia en el uso de verso y prosa, en la interpolación de idiomas extranjeros, en la elección de lo específico o genérico de sus temas. Y, por sobre todo, libertad total respecto de ideologías, movimientos, tendencias y modas.

En este sentido el lector se halla ante un poeta clásico en grado de romper los esquemas, de violar la prosodia, de alterar la sintaxis y subvertir la norma. Por esto mismo unas veces alcanza los umbrales del hermetismo y lo sublime – por momentos incomprensible y nebuloso – y, otras, desborda la inmediatez expresiva y sonora del idioma – por momentos concreto y nítido. Además, porque casi siempre lo conceptual se complementa con el mito y la metáfora se yuxtapone a lo prosaico.

En esta poesía resuena la contemporaneidad y toman cuerpo los mitos personales. Así el Caribe, los Taínos, Benny Moré y Woodstock alternan con Píndaro, Hermes, Aquiles, Héctor y personajes bíblicos. A paridad de interés e intensidad. Lo cual demuestra con creces cómo el mundo asemeja a un inmenso texto en que la palabra es profecía, espejo, experiencia, escoria en grado de permitir la reconstrucción de una memoria, de rescribir la historia, de descifrar la vida, de anidar la angustia, de amparar la soledad y de exorcizar la muerte.

En suma, Falquez-Certain es un poeta de Occidente y de éste hace una instancia universal. Y en él, como se verifica en los grandes fundadores de la poesía moderna, inspiración y reflexión se transforman en imágenes sensibles que van más allá de la metáfora aislada, baladí y huera de cierta poesía postmoderna tan en boga hoy, sobre todo en las metrópolis ricas del Norte imperial.

Varias son las poesías cardinales de este libro. Pero entre ellas asumen un valor mayor "Poética" y "La palabra habitada", sin que sean menos importantes, por ejemplo, "Tánatos", "Quo vadis", "Five Stone Wind", "Tántalo", "Hipótesis del sueño", "Habitación en la palabra" o "Curriculum vitae".

En "Poética" se concentra, como lo aclara el título, una declaración de intento de proveniencias, lugares de pertenencia, influencias varias y sentidos profundos, en el sentido aristotélico más estricto del término, que se complementan y explican recíprocamente con la galería de autores y libros en los que el poeta se apoya en los recurrentes epígrafes, todos citados en su idioma original y que se integran como cuerpo vivo en las poesías. Falquez-Certain es políglota, estudioso de literaturas en diversos idiomas y su manifiesta curiosidad por descubrir la mejor poesía es incesante y ejemplar.

"La palabra habitada" es paradigma de predominio del sentido de poesía pura en sus intentos y propuestas sobre el sentido de poesía espuria en su forma: una suerte de ejercicio lúdico en que siguiendo un esquema rígido se insertan versos libres y nuevos después de haber hecho una repetición cada cuatro versos en secuencia, aplicando el sentido estricto de la tautología, es decir, de la repetición de un mismo pensamiento expresado de distintas maneras e incluso de formas casi idénticas, pero que no son equivalentes. El principio es el de la circularidad del poema, en el que el verso central (el 56) que dice "la tautología es un caso extremo: contradice los límites del mundo", remite al lector al Borges que en Discusión escribe: "Estas tautologías (y otras que callo) son mi vida entera. Naturalmente, se repiten sin precisión; hay diferencias de énfasis, de temperatura, de luz, de estado fisiológico general". De este importante poema surge otra declaración de la poética del barranquillero. Se trata, quizá, de la inefable verdad de quien, como Borges (y como Sísifo, a propósito de las mitologías personales enunciadas antes), está sometido al eterno retorno pues es símbolo del transcurrir de la vida y del camino que ha seguido para alcanzarla.

Algo similar acontece en Falquez-Certain y resulta imposible no ceder a la tentación que cada libro sugiere. Particular interés representa Doble corona pues la forma elegida para la composición del poema es circular y cíclica: el primer verso de la poesía I será el verso conclusivo de la poesía XIV y el último verso de cada una de las poesías será el primero de la siguiente. Pero no es sólo sugestivo por el aspecto formal y el logrado recurso a la anáfora u otros topoi sino, porque al transcribir o hilar mentalmente los versos, el lector atento descubre que hay un poema interno que es también otra declaración de la poética del autor y que manifiesta expresamente elementos recurrentes a lo largo y ancho de todo Hipótesis del sueño:

En medio de prodigios y portentos
alfa y omega, el principio y el fin
entre tus brazos, adormecido, impávido
explorándonos con sabiduría y coraje
bronceado por los agonizantes rayos
trat[and]o de descifrar la sabia oferta
purificándonos del deseo salobre
En medio de prodigios y portentos
al temblor de un aliento en la espesura
el aro incandescente de un sol agonizante
vida y muerte: un nuevo despertar
a tus brazos desde la noche obscura
nuestra pasión se convertirá en literatura
una década de amor nos sustentará en la tierra
En medio de prodigios y portentos

Esta nueva poesía, fruto de la arbitrariedad de quien firma, pero siempre escrita por el poeta de Barranquilla y de Nueva York, denota la riqueza y la versatilidad de este poemario feraz que hoy se propone al lector y ratifica la indiscutible afirmación de Novalis: "La crítica de la poesía es un absurdo". Porque al final, con Falquez-Certain e *Hipótesis del sueño* ya insertados a pleno título en la familia de los poetas y la poesía más auténtica, y no sólo de ámbito hispánico, es bello recordar, hoy, ya adultos, que "fuimos niños tristes en una ciudad de piedra".

Milán, junio, 2010.

The unexamined life is not worth living.

APOLOGY, PLATO

las horas que limando están los días
los días que royendo están los años.

LUIS DE GÓNGORA

POÉTICA

En cualquier sitio y época en que hayas vivido o en que sufras la Historia,
siempre estará acechándote un poema peligroso.
HEBERTO PADILLA

Escribe lo que quieras.
Di lo que se te antoje.
De todas formas
vas a ser condenado.
JOSÉ EMILIO PACHECO
Arte poética II

Un día, por cierto, fueron saliendo las lecturas disparatadas de los libros y te fuiste encontrando retazos pigres de historias ajenas que de una extraña manera se iban identificando con la tuya.

Siempre había el problema de sobreponer tu voz a tantas voces foráneas cuyos ritmos creaban una sinfonía poliglota y sabia. El ritmo de una esquela fue surgiendo irreverente en los deicidios de relatos antiguos en donde tú usurpabas las voces narrativas buscando una armonía similar correspondiente a tus humores opalinos.

Era preciso asegurarse de conservar la cordura luego de haberse sumergido en pasiones, lujurias y traiciones que sólo convivían transformadas en un recodo indeterminado de tu memoria.

Una respuesta continuada y terca, una recreación visual y olfativa, cuasi sinestésica, un trasegar por mitos, leyendas, vidas y cuentos, un balbuceo rítmico de lenguas antiguas y modernas fueron metamorfoseándote en un ser distinto de ellos y de ti mismo, hasta renacer de las cenizas verbales pronunciadas por los labios incandescentes de la sibila en donde tus vidas son las vidas del ensueño.

EL NOMBRE DE LAS COSAS

Siempre existe algo que no marcha con la realidad de las cosas.
Si miras el ocaso y no comprendes el viaje que a punto estás
de emprender, tal vez sea necesario recoger tus pasos,
acaso recordar cómo era el cielo que se sumergía en el océano
como la tinta indómita de un pulpo desquiciado. No sientes
hoy en el recuerdo el grito ahogado del disturbio ni el reflujo
de un don inconfeso: comprendes la pluralidad de voces
y la marcha indefectible de tus jugos, o saltas o mueres
o vives o triunfas, pero el mundo allí continúa, ajeno en su
cercanía de abismos, con los ecos de múltiples ofertas
y las renuncias de canículas en los estertores de la cúspide,
o tal vez con el llanto incomprensible y hosco que hace posible,
finalmente, el conocimiento histórico de tu realidad.
Cada hecho es posible interpretarlo y reinterpretarlo
de múltiples maneras, porque es necesario que sepamos
lo que es la razón y cómo alcanzarla: la existencia subvierte
la verdad, ocultándola, desplazándola, suprimiéndola.
Sin embargo, no comprendes la acuciosidad de sus
desempeños (ese rito inveterado de su muda elocuencia)
ni los conflictos de los diversos significados.
                                    El mundo
ocupa los espacios de la mente: mi auténtico yo,
no puedo poseerlo, porque la realidad es presente
como transición. Estamos solos. En medio de la libertad
absoluta de la noche, en el gesto decidido de la desposesión,
en la ausencia irrecordable de ataduras, fetiches y estirpes,
el alba anuncia, en el incendio glacial de los arreboles,
el fin ineludible de nuestra larga noche y el inicio de la paz.

HIPÓTESIS DEL SUEÑO

A Magdalena Araque

And it came to pass, when he had made an end of speaking onto Saul, that the soul of Jonathan was knit with the soul of David, and Jonathan loved him as his own soul.

FIRST SAMUEL, 18:1

Let him kiss me with the kisses of his mouth — for thy love is better than wine.

THE SONG OF SONGS, 1:2

Sin embargo, nunca di cuenta cabal de tu total entrega. Después de todo fui yo quien buscó tu olor a musgo hasta encontrarte distraído junto al bar en las luces opalinas de la tarde. Estabas rodeado de turiferarios que me impedían acercarme; nuestros ojos se cruzaron con paciencia. Al inclinarme percibí los vellos de trigo que formaban abesanas en tu nuca, sentí la marejada de tu aliento, presentí una entrega. Nuestros labios nos mostraron el camino.

Una ruptura reciente me había vuelto vulnerable. Codiciaba tus besos, anhelaba tu cuerpo joven de caña dulce, aspiraba la fascinante sorrostrada de tu ingenua labia. Abandoné todo por tus labios. Con la resolana del verano golpeando las paredes, mordisqueé tus botones hasta arrancarlos y te encontré, sólido y perfecto, en el sudor alicorado de tus muslos, en la transpiración interna de tu ombligo: nos incorporamos en medio de las sábanas con los embates tercos de una lujuria postergada, irguiéndonos en el ombú de aquella tarde irremediable.

La costumbre nos vuelve deleznables. Adocenado y pusilánime, prefiriendo lo seguro ante el azar de lo sublime, regresé al sendero tortuoso pero conocido, a la artritis complaciente del olvido.

Todo me ofreciste y, sin embargo, preferí los requilorios de una alianza insulsa. Un día codicié los besos de tu boca. Ya no existes. Vives en la hipótesis del sueño.

PRESAGIOS

Abre paso a la palabra, habita en ella,
tócala, siéntela, respírala, dile no
al silencio, al otro lado de la vida,
invéntala, hazla carne, un nuevo objeto
en el mundo, olvida el significado estricto,
la palabra viene hacia ti, no la rehúyas,
te la envían los hombres, muérdela, saboréala,
hazla tuya, tú eres el innombrable, el que la crea,
el inquilino color de la quinina,
no puedes callarte, no debes fatigarte, no,
abrázala, seis días para terminar tu obra,
descansarás luego, pero dile no al silencio,
titilante tuétano del samovar sangriento,
juega, no dejes de tocarla, vive en ella,
no te detengas, las pausas son un presagio
de la muerte, el rencor punzante del Tíbet
obscurece al diamante en la cañada,
no digas que no puedes, serás todopoderoso
mientras hables: bien sabes que Él ha muerto,
continúa, cada día el silencio abraza
a muchos como Él con sus tenazas.

Miguel Falquez-Certain

CICLOS

Aletargada en un sueño eterno
la rosa presiente el eterno ciclo,
ires y venires, ya todo apunta
al retorno eterno, cíclica vida
que siempre desembocará en la muerte.
Tu cuerpo esbelto reposa dormido
y al no percibir mi impertinente
atisbo, tus miembros cincelados en
el mármol vibran sorprendidos.
La fría nebulosa tiembla en la
crisálida, los brotes verdes saltan
perforando la glacial corteza,
y surgiendo la rosa finalmente
retando a tu hermosura te despierta.

DULCES ESTRELLAS DE LA OSA

Vaghe stelle dell'Orsa, io non credea
tornare ancor per uso a comtemplarvi
sul paterno giardino scintillanti,
e ragionar con voi dalle finestre
di questo albergo ove abitai fanciullo,
e delle gioie mie vidi la fine.

GIACOMO LEOPARDI,
Canti, XXII, Le ricordanze, 1-6

La madre murió y nunca pude regresar. El sol obnubila la conciencia de un lagarto adormecido y tuve que volver buscando el rostro, la figura magra de una madre evanescente; ¿qué hacer con el solar, con la pileta congelada en el ensueño?

El jilguero insiste en despertarme y el firmamento prosigue sus prusios devaneos: mas no es lo mismo. Tú has partido hacia la nada dejándome inconcluso. Nací para morir en tu regazo. Y no se pudo.

A tu jardín me harán siempre volver las dulces estrellas de la Osa.

HABITACIÓN EN LA PALABRA

Digo topacio
y las plumas se me escapan
de los labios en la elipse
de la piedra.
Níspero en el aire,
punzante y acre,
en la pelusa de tu cuerpo.
Obsidiana congelada en tu corteza,
murmullos de mi aliento te despiertan,
en mi saliva te sorprendo;
no obstante el abandono de la ingle,
las sombras translúcidas y en el arco,
el gemido postergado; sin embargo,
el grito mudo; la palabra,
objeto del mundo,
pupila confundida sobre el iris
en los espasmos fugitivos
de tu cuerpo. El arco se recoge,
salta, flecha seminal en el vacío,
con la lengua aglifa
astucia de pezones que se alzan,
catapulta disuelta en la humedad
lluviosa, sudor plasmado en el desorden
de las sábanas, pero tu cuerpo
que fue cima, inánime ahora,
sima telúrica tan sólo, arco roto,
abandono en el calor
al otro lado del bosque —
de la vida.

JANIS

A Margarita Abello Villalba

La licenciosa pandereta en un arabesco
salta y cae al suelo silenciosa.
Es absurdo reprimir los garrotazos del Bourbon
y la heroína hace ahora estremecer tu cuerpo.
Acaso es posible que la salud pudiese
recobrarse por completo, insistieron de otra parte.

"I don't fucking understand, man", me dices,
mientras tu cuerpo comienza a desplomarse
sobre el escenario. Al Fillmore no le importa
tu figura rubenesca ni tus angustias cuando fuiste
"el hombre más feo del colegio". "That's what
it is, man", el advenimiento de la paz nunca pudo

acariciar tu pueblo — esa condición provinciana,
esa cohorte de angustias inconmensurables.
Estás sola, aunque hoy quisiera que pudiese
          reconocerse
el idioma del silencio. "Half of the world is still
crying": el manejo integral de las cuencas incógnitas.
Los hombres, las mujeres, acaso Kris (a Rhodes Scholar)

que nunca supo amarte: "Bobby McGee"— estériles
resultaron los esfuerzos. "No soy modelo ni reina de
          belleza",

aunque te aplaudan ahora todos: ya lo sé — ya es muy
  tarde.
El deterioro social, lo sabes, excluye lo absoluto.
"Don't worry about tomorrow, you don't need it, man":
es cierto, incluso cuando la historia deba terminar

con un sollozo, tres discos y un recuerdo. Woodstock
y tú me destrozaron la insistencia en el decoro.
¿Acaso debo pagarlo por mensualidades como
cualquier hijo de vecino? Nunca he sido de madre
requisito principal. "You don't need it, man" —
de trescientos sesenta y cinco días sólo hay uno,

uno solo que define el resto de tu vida: "You've
got to call that love, man", y no es descabellada
la propuesta — es amor que la soledad define.
"It's only a fucking day, man", y te desplomaste
sobre el escenario. A continuación sólo los recuerdos
que el amor impone, Janis, con rabia o descontento.

EL FORASTERO

Wie, wenn ein Mensch sich nicht erinnern könnte, ob er immer 5 Finger, oder 2 Hände gehabt hat? Würden wir ihn verstehen? Könnten wir sicher sein, daß wir ihn verstehen?

LUDWIG WITTGENSTEIN
Über Gewissheitt, 157

¿Conoces al otro? No tiene dos manos ni diez dedos pero vive con nosotros. ¿Te es tan difícil conocerle, tal vez amarle? Sus murmullos te perturban y no puedes comprenderle. Habla de mares y laderas pero no puedes imaginarlos; tus ojos se cierran tercamente. Sin embargo, su lenguaje es el tuyo y su olor te recuerda al de tu infancia: las acacias florecidas en un verano sin retorno. ¡Mírale! Es él, habitando entre nosotros. No le cierres tu tinglado; él comprende sin palabras sin recordar su diferencia. Esa mirada de soslayo sólo tergiversa el texto. ¡Ámale! Solamente tus latidos te permitirán comprenderle.

HERMES

A Marty Black

Pero tus ojos paradójicamente
contradicen tus palabras:
las manchas de topacio flotan
sonrientes en el piélago que trata
de asfixiarlas. Juncal, tu cuerpo,
vibra, danza inquieto,
con la mirada tenaz que los traspasa,
con la pregunta muda que formula
lo inasible — el deseo proteico —
el fulgor de algo frágil
que juntos forjaríamos
en el suspiro interrumpido
de los labios; el verbo destruye
el sortilegio. Disquisiciones absurdas:
acaso cómo descifrar la génesis
del texto. Inútil. Semen arrojado
al vacío, perdido en la efímera
imagen del recuerdo. La hermética
sonrisa propone un desafío,
desdibuja tus palabras, las ocupa.
Sin embargo no te atreves — se diluye
la audacia de tu muda súplica, naufraga
finalmente: pero tú, allí, mirándome
en silencio, interrogándome.

CADÁVERES EXQUISITOS
[Carta a Verlaine]

> *Devant une neige un Être de Beauté de haute taille. Des sifflements de mort et des cercles de musique sourde font monter, s'élargir et trembler comme un spectre ce corps adoré; des blessures écarlates et noires éclatent dans les chairs superbes [...] Oh! nos os sont revêtus d'un nouveau corps amoureux. [...] O la face cendrée, l'écusson de crin, les bras de cristal! Le canon sur lequel je dois m'abattre à travers la mêlée des arbres et de l'air léger!*

ARTHUR RIMBAUD
Being Beauteous

Un pistoletazo habría de cancelar todas las posibilidades. Antes, en la campiña, soñaba con tu rostro griego como burilado en la cera mágica de un túmulo — parecías irreal aunque podía pasearme desnudo por los corredores de tu casa para siempre desembocar en tus brazos fuertes. Me alzabas en vilo y me sentabas sobre una mesa de roble y me mirabas lánguidamente, tratando de descifrar mis pensamientos en las llamas prusia de mis ojos. Me despertaba extasiado con el sabor de tus besos cerriles en mis labios.

Perseguí mi sueño hasta finalmente conocerte en medio de una turba que nunca entendió la necedad de mis empeños: eras diez años mayor que yo y el yunque de la fama te prodigaba sus apetecidas delicias. Aquello no fue óbice a nuestros desenfrenos y redescubrimos día a día nuestros cuerpos en una demencial lujuria que sólo ofrecía renovados retos.

El-mundo-nos-parecía-un-pañuelo en nuestro insaciable nomadismo, emborrachándonos en todas las cantinas y tabernas que nos topábamos por los caminos polvorientos del continente. La palabra y nuestros cuerpos eran los únicos requisitos. Tú creías en la música, en la obligación de un ritornelo. Yo, a veces, me despertaba enloquecido en medio del desorden de las sábanas y despotricaba contra el mundo tratando de recuperar la cordura en las visiones pavorosas de mi infancia, en la iluminada necesidad del verbo. Tú insistías en creer que yo estaba poseído por el diablo.

Sin embargo, fuiste tú quien nunca pudo comprender mi condición de libertad, mi emancipación de tus requilorios burgueses. Mis orines en la mesa de la *élite* no fueron apreciados. Tus celos en verdad me tornaron monstruoso y mórbido. Aquel pistoletazo puso término a lo que ya había muerto definitivamente en nuestros cuerpos.

PRIMER ENCUENTRO

Luego de uniones e infidelidades, del diario despotricar con un amor envenenado por el odio, del uso y del abuso, todo parecía ya irremediable. El tardío verano calentaba aún nuestros cuerpos sudorosos en la tibieza acondicionada del "Lolita". Mucha guasa turbulenta, mucho licor gratuito desperdigado en bellezas bastardas que conminaban una noche aún más absurda. Tú, funámbulo de goces, pulquérrimo en tu atavío europeo, me sonreías en medio del desorden de una trifulca que disfrutaba de la intemperancia. Tu madre nos había presentado.

Gozón sonámbulo en el ardor glacial de una noche inesperada, supimos inventar una historia caribe que nos unía desde hacía mucho tiempo. Borrón y cuenta nueva eran necesarios, nuestras crisis "fueron puestas de lado", y nos reímos porque tú insistías tercamente en una explicación más profunda de la mitopoesis. Denigramos del pasado bebiendo palos de una bombona que parecía milyunanochesca en su tozudez inagotable.

Babiecas ingenuos, nos negamos a escuchar el orfeón de ninfitas tontas jugando a reinas y corrimos a la gula de los labios, al beso de los cuerpos titilantes con el rocío de la gracia. Zalemas miles definieron sin temor la savia de los rostros. Jubilosos despotricamos irreverentes manchándonos de risas sin la anuencia pervertida de la gente. Es preciso recordar.

SIMULACROS

A Rafael Barros

Cayenas, trinitarias, balazos y capachos —
tu jardín; la pileta en donde humedecías
tus tiernos rizos; guacamayas, pitirres,
turpiales — enjambres enloquecidos en el patio;
en la cocina los olores del culantro y la cebolla;
los pinos gigantescos en la puerta: recuerdos,
o acaso fábulas que inventaste, en la edad
del mediodía la certeza te abandona, inútiles
preguntas, clasificaciones absurdas, innecesarios
recuentos, el tiempo es un juego en que las reglas
cambian o se olvidan fácilmente. Hoy nuevamente
solo. Las uniones ¿qué son?, ¿para qué sirven?
El Caribe seguirá carcomiendo la piel de la arena,
el sol brillará cada vez con menos fuerza —
entropía inevitable. Allí la luna es diferente,
diversa como la muerte que a cada quien
acecha; las cartas y las fotos descansan
calladas en el fondo de un baúl olvidado;
los amigos, la familia, los amores — pabilos
que se apagan día tras día. El destino se forja
en la palabra y en ella habitas, porque tú le ofreces
el significado deseado, y nada significa fuera
de ese orden, tú lo inventas, cuartillas borroneadas
que sólo muestran el simulacro de tu intento,
siempre transitorio hasta que la muerte
le brinde su clasificación definitiva. Todo es verdad,
nada es mentira — lo contrario también: el mundo es
una ficción que nos inventamos nosotros mismos.

EL TREN

Yo soy un tren
que siempre camino
a tu repetida estación.

Los rieles
se me angostan
en perspectiva profunda.

Busco en el túnel,
en su densa obscuridad,
la obscuridad de mis palabras.

Pero ellas se mimetizan,
se me tornan translúcidas
con la claridad de su salida.

Y llego siempre hasta ti:
final que no se siente.

No me canso.
Los rieles
no se gastan.
Mi larga estructura
permanece intacta ante ti,
porque tú me nutres,
me revitalizas
con la sola presencia de tu risa
diciéndome adiós
pero esperándome siempre.

LOS DIOSCUROS

Mag auch die Spieglung im Teich
oft uns verschwimmen:
Wisse das Bild.
Erst in dem Doppelbereich
werden die Stimmen
ewig und mild.

RAINER MARIA RILKE
Die Sonette an Orpheus, I.9

En la palabra sin moldear reconoces el infundio de las anfibologías y con ella en ristre declinas sus meandros en postulados ficticios que interrogan las posibilidades del significado. No todo es lo que aparenta ser y en el caleidoscopio de las fábulas el papel indudablemente resiste mucha tinta: el contorno sólo entorna, fugazmente, la entrada hacia las múltiples ofertas.

Al fijar momentáneamente la nota inequívoca se descartan los itinerantes lapos de una ruleta: corcheas o semicorcheas, poco importa — es imprescindible mantenerse a flote en el *continuum* modulante de lo incierto.

A-ciencia-cierta no sabemos nada, es evidente y, sin embargo, es preciso que lo diga. La palabra flota, brilla, salta, se ofrece opaca o translúcida, pero siempre en la múltiple, ilimitada y proteica lava en que tú y yo nos informamos. Sólo es infundio si así decidimos congelarla. Nada es perentorio y sí, casi siempre, altisonante. Definir en lo definitivo es darle forma, aunque podamos, sin ningún agüero, distorsionarla, usurparla, venderla, aliterarla, traicionarla o, si-me-da-la-gana, adulterarla.

Sólo en su interna contradicción existe el verbo: las acepciones son espejismos — conviven en su angustiosa y dioscura disimilitud. Escucha con diligencia la pluralidad de voces: el-símbolo-ha-muerto-viva-el-símbolo.

ORFANDAD

Al quebrarse en miles de esquirlas, rota
para siempre la potera bávara,
el frío estupor de desconcierto ya
amilana la furia concentrada.

Los diamantes, los juegos de amatista,
las rifas portentosas que abarcaban
todas las riquezas de aquella magia
hoy desvanecida ya en la nada.

¿Qué se hizo el impulso adamantino,
las tortuosas alianzas, adónde
han ido? Sólo nos quedan dos muertes
verdaderas. En la orfandad precisa
del obscuro laberinto humano
sólo rutila la certera nada.

I

En medio de prodigios y portentos
el llanto de un niño nos guiará;
fuego y podredumbre ahora nos rodean,
los rostros carcomidos, la violencia
en los rincones. Finalmente ha
llegado el día: en el Iguazú su voz
retumba, y buscaremos la paz mas
no la encontraremos. Con inmundicias

los rostros anunciarán el día.
Nos han robado ya la calma y en la
furia y los celos, la ira y la
cólera, sólo el desierto brindará
el refugio apetecido por la fiera:
alfa y omega, el principio y el fin.

RETOS NOCTURNOS

A Joaquín Méndez Gaztambide

Un trazo de tus dedos deja rodar el carboncillo sobre la hoja jibia. Dos puntos ensañados crujen el papel. Poco a poco mi rostro surge irreverente, arrojando improperios como en los peores momentos de una juma negra: "Tonta, majadera". Tus manos huesudas se desplazan por el papel con una agilidad de gacela. El reto de una lengua fenecida, o acaso exótica, hace que el corazón trepide en premoniciones triunfales. Pero tu labor minuciosa y rápida prosigue en el deambular de una noche enfebrecida y lúcida. Caminas sin descanso, abres libros como si se tratase de una pena de muerte. Yo camino y bebo y me río en el desorden hierático de unas imágenes televisivas mudas que saltan al compás de la "Missa Luba". Es insaciable esta necesidad olfativa, este deseo abrasante de comprenderlo todo. "Ex-libris" escribes en las sortijas de mis cabellos dibujados y reposas. Es necesario que ahora hagamos el amor.

EGO SUM QUI SUM

> *However, if we do discover a complete theory [quantum theory of gravity], it should in time be understandable in broad principle by everyone, not just a few scientists. Then we shall all, philosophers, scientists, and just ordinary people, be able to take part in the discussion of the question of why it is that we and the universe exist. If we find the answer to that, it would be the ultimate triumph of human reason — for then we would know the mind of God.*
>
> STEPHEN W. HAWKING
> A Brief History of Time

De legalidad un día sentado en una butaca del Planetario a lo mejor te preguntas si la tortícolis que ahora te tortura no es más importante que los-grandes-interrogantes. A lo mejor quién sabe, quién evita un vidrio.

    Alfa Centauro, la posibilidad de una cultura extraterrestre, los mensajes transmitidos en las ondas hertzianas a miles años-luz de distancia, todo te abruma el coco y te lo dices para tu coleto, vaya qué osadía aún creer que mi religión sea la verdadera, hoy en día, mire usted, la iglesia, la sinagoga y la mezquita, hace tiempo que no nos tira una visita, vaya, vaya hombre, vaya, el mundo y su creación después de tantos cipotazos y agujeros negros, acaso llegaremos algún día a instalarnos en la mentalidad cosmogónica y verlo todo en panorámica y con sonido Dolby, viajar en rayos láser en reversa y percibir la "historia" sin tocarla, mejor dicho sucediendo (no la "historia" de los vencedores), digo, dígole, es posible que enanitos, o seres marginales, hombrecitos verdes y todo el cachivache amontonado en los paquitos de la ficción científica no sean más que pamplinas, vaya usted a saber, a lo mejor el mundo lo inventaron los teúrgos, en todo caso Nietzsche, y si entendemos que la guerra genocida se identifica con el tiempo, y que estamos íngrimos-y-solos-en-esta-soledad-tan-sola, qué fenómeno, y que el infierno con que tantas veces te asustaron no es más que un embrollo de caninos, sólo entonces.

A lo mejor un día llegaremos a saber cómo es que funciona la mente de ese Man.

ÍTACA

A Claudia Acosta-Madiedo

El sol poniente inunda de amarillo
el viejo muelle abandonado y sucio;
por él desfilaron divas, tenores
y barítonos, el gran Titta Ruffo
fue recibido con laureles al son
de una concertina. Los tiempos grises
opacaron su esplendor, redujeron
a polvo su estructura, y en la foto
agrietada ves los años que fluyen
a la inversa, espuma de la vida
que filtra los recuerdos de la infancia:
el cantil que te succiona, los gestos
inútiles, el yodo en los pulmones —
la quimera de un viaje sin retorno.

RETORNO AL SABOR

Los manuscritos rotos, el marco fraccionado cuestionando la verdad de la mentira, el sabor a fresón-con-nata de lo que desdice el decir contorneado de la fresa que saborea la mentira de un batido que reniega el contorno del sabor, que no lo dice y, sin embargo, explica "La cien" que contradice a Bobby y a Ricardo —el sabor, las enmiendas de los años sesenta— la emasculación de los decires, de las campanas tocando a *tocsin*.

No hay que cuestionar el crecimiento de los vellos desenfrenados, absurdos. ¿Acaso? Tal vez habría que regresar a Colombia y desmentir doce años de ausencia: "Pregúntales a todos si se enteraron". El rey y la cruz resucitando del pasado adormecido. Es menester que decidamos.

LA SONRISA DE PERICLES

En el levantamiento del cadáver
la sonrisa sibilina de Pericles
punza el firmamento
sin decir palabra:
fascinantes fábulas
alimentadas por el hambre.

El guerrillero ha muerto
sin embargo. No es preciso
que creamos todo lo que informan.
Allí está la sangre —
sólo un símbolo en la bandera
de la patria boba.

Rojo punzó que igual corre
por decenas de folletines
decimonónicos. Acaso nunca
a una educación sentimental
fuimos sometidos. Pero igual.
¿De qué nos sirve ganar el alma

si al final perdemos el mundo?
Recuerda que el verbo
fue el principio, aunque otros
traduzcan "la palabra".
La nariz de Elohím
arrojaba fuego, mas

"nosotros" lo vertimos
como rabia. "Traduttore
traditore." Inútil intento —
oxidado, roto. Pero allí está.
"Eran las cinco en punto de la tarde."
Estadísticas indeseables; ¿hay

que ser "realistas"? Pobre
papá: « Madame Vauquer, née
de Conflans, est une vieille femme
qui, depuis quarante ans,
tient à Paris une pension
bourgeoise… ». Hoy en día,

¿a quién le importa? ¿Habrá
otros que muchos años después
recuerden lo "torcido" frente
a un pelotón de fusilamiento?
La libertad es una palabra
esculpida en una estatua.

GEOGRAFÍAS PARALELAS

Roer, destilar tu cuerpo belicoso sin conocer, o acaso comprender, la dicha de un vuelco inesperado, el beso que se niega y sin saber se vuelve rosa.

Tu mirada trastrueca el vidrio roto de la angustia violenta de los labios; el rojo punzó que desmenuza la tetilla del deseo; el silencio confundido de un romance en ruinas, destrozando capiteles, gárgolas rabiosas, indómitas marcándonos los labios, ofreciéndonos el *grimoire* confundido de tus esencias exquisitas que denuncian el alba en la Boquilla que nunca conocimos juntos y, sin embargo, recordamos en el recuento de la geografía saboreada aparte, incógnitos destinados al reencuentro, al beso tránsfuga, mordido en el momento gótico y perfecto, un concurso exaltando la belleza, lo insólito de los rostros nuestros recreando la soledad del embeleso.

DESAMOR

Diviso a la tristeza
sola
amontonada
terca
en un rincón
aún viviendo
allí esperando
gusto verla
inadvertida
antes era mía
ahora aislada
tu ausencia larga
horizontal
la troqué
por mi rostro
transparente
verdadero
y la mandé a paseo.

PÍNDARO EN EL ESPEJO

> *Do not against all comers let break the word*
> *that is not needed.*
> *There are times when the way of silence is best; the*
> *word in its power can be the spur to battle.*
> PINDAR OF THEBES
> Tr. R. Lattimore

No es necesario que la palabra
habite entre nosotros,
dijo Píndaro, y no cito;
es preferible el encomio de la risa

(y no río);
acaso la palabra
en acicate, dijo, ha de
convertirse en la batalla.

Díjolo. ¿Lo dijo?
El silencio es preferible.
¿Lo es, Píndaro, lo es?
¿El mundo? Tú no lo sabías.

Es inmundo
y sólo la palabra
estructura su ficción.
La página está muerta.

A tu frágil robustez yo le doy la vida.
En mí vives
cuando yo te ofrezco mi lectura
(a lo mejor equivocada), y no cito.

No es necesario que la palabra
habite entre nosotros
si nosotros le devolvemos
la muerta vida.

PALABRAS MAYORES

Y hay días en que nos olvidamos de amarnos. Las contumelias brotan de nuestros labios con venganza y la tristeza queda arrinconada en la cocina con el resto de los platos rotos. Teóricamente no entendemos la violencia, esa traílla de animales sintéticos que destripan las buenas intenciones. Entonces no es fácil volver a la ternura. El indulto reverbera lejano, inalcanzable en el oasis. Nos tornamos bazucas de desatinos e injurias y siempre hablamos de terminar. Se nos hacen hostigantes estas cuatro paredes inconclusas.

Súbitamente la película se congela y la adrenalina vuelve entonces a su ritmo pacífico. Y tú, voluntarioso, repleto de martingalas, te me acercas sonriente como si nada hubiese sucedido. Aquello de "maldito sea el día en que te conocí" hay que relegarlo al olvido; se trataba de tu plano kabuki aconsejándote el melodrama. Olvidar. Ah, tus artimañas de niño travieso crean idilios y charadas: dejas de ser enervante para morder la fruta de un nuevo desafío. Lejos quedan ya la *truie*, nuestras cerdulescas injurias. Mañana nos despertarán los cardenales.

FIVE STONE WIND

A Merce Cunningham.
A John Cage y Shirley Jackson, in memoriam

El destino presume de su sapiencia, aunque
cualquier proposición que trate de abarcarlo
todo nutre su simbiosis. "I am the captain
of my fate I am the captain of my fate I am
the captain of my fate", escribiste; el semáforo
enfría sus colores y por acaso llegamos
a Queens Borough Plaza. Desafortunadamente
no puedo ofrecerte un símbolo de la vida.

[El nombre, el significado y el símbolo los hallarás
con paciencia en la concha de una tortuga.]

El vidrio negro de una ventana inexistente
opaca en el tren el reflejo de la leyenda
que formula tus preguntas. El mundo deja de
existir indiferentemente. Es ambiguo y opaco

en su existencia; las premisas muestran

la forma "lógica" de la realidad. "The captain
of my fate. Laughter is possible laughter is
possible laughter is possible" en la muerte. El metro
llega a la estación y en la ventana espesa y negra
pesadillo tu figura: nos volvemos íntimos e
infames. La primavera ha irrumpido e imagino tu

reflejo en el vidrio negro. La dicotomía es
evidente: tu vecino es tu enemigo; tu casa

[El yang y el yin, en flujo perpetuo, ofrecerán las
combinaciones matemáticas ad infinitum. Es menester
recordar que cualquier lenguaje enmascara
          el pensamiento.
Estás allí, inmóvil, trasuntando el mundo como si a ti
perteneciese. Despierta. El mundo existe
          independientemente
de tu voluntad. Juega con los hexagramas, si es preciso,
mas abandona para siempre el nexo causal. No congeles
tu mirada si descubres que no hay contacto entre
          nosotros
porque todo aquello que engendra la certeza lleva en sí
el verbo. No insistas, abre tu mente y descansa.]

ha de ser una fortaleza, no un hogar. Epistemologuemos
con los parámetros falsos de la "psicología".

["La teoría del conocimiento es la filosofía
          de la psicología."]

"It is possible." "Hasta que eso suceda, no importa
el nombre que le den a esta tierra". Absurdo,
non sequitur, un "scorcio sintatico incongruo
con risultato di condensazione". Es imperativo

[Calla, ahora calla. No podemos inferir los sucesos

del destino de las circunstancias del presente. Un beso
negará la tautología adormecida en los recodos
        de tu mente.]

que llegue a tiempo a mi traición traductora.
"Nam-miojo-rengue-quio" — un acto me enuncia,
        me define,
me limita: un beso macarrónico en la tetilla repleta
con la ambrosía de un titilante Loto Sutra. "Possible
is laughter possible is." Hay cinco puntos que repiten
el azar: ".fate my of captain the am I" Acaso me traes
alucinado con el reflejo fragmentado de tu rostro
        que se torna
lenguaje variopinto: la forma fenomenal de
        todo pensamiento.
¿Imagen o significado? Mis emociones son ambiguas
        al respecto.

[De nuevo a solas, hierática, lejana e imprecisa
esta soledad que nos une en un beso mordiente
de resquemores incipientes, de luchas intestinas.
No dices nada en tu ininterrumpida nostalgia.
Me observas en silencio, húmedos los labios,
manchada la sonrisa, y un temblor, escasamente
perceptible, se apodera de tu rostro.]

Nuestros rostros se reflejan efímeramente en la ventana
opaca y desaparecen sin trascendencia. Trascendencia
        impuesta
en una tierra sin nombre en donde el hexagrama

de pueblos
hermanos es alimentado por el odio. Odio prístino
    engendrado
en el contubernio del desierto. Desierto ahora en
    donde tu

[Son discontinuos estos diversos modos del ser.
Tu cuerpo suda, inseguro de sus propios jugos,
y me observas en silencio. Tus labios tiemblan.
Estas ganas de vivir me están matando, y mirando
al vacío, te miro en el espejo cuando te adueñas de mí.]

vecino es tu enemigo; tu casa, una fortaleza mas no
    un hogar.
La secuencia de las estaciones se amilana con el regodeo
pernicioso del invierno y habríamos de hacer
    un sacrificio

propiciatorio en donde la sangre alimentase la tierra
desprovista, cuasi agonizante. Una epidemia precisa
de la desmitificación de una nueva esfinge. "I am up
above the top, dancing in the light." Es inútil intentar
fijar parámetros a nuestros desplazamientos; cuando
observamos al mundo lo miramos desde la perspectiva
de un pasado finito — inútil intentar comprenderlo o
comprendernos. No obstante la primavera se
    ha despertado.

De nuevo nuestros rostros se reflejan en esa ventana
obscura, indescifrable, inexistente. Nuestro amor es

Miguel Falquez-Certain

reflejo de un pasado que se adentra en un presente
inconcluso, malsonante, incongruente. Cinco mutis
por el foro, cinco fugas de un escenario mal iluminado,
atiborrado de esquirlas de espejos rotos, destrozados,
destrozándonos. La disonancia de una sola
            mano aplaudiendo
prefigura el insólito y, sin embargo, previsible
desenlace. Ya no son necesarios aquellos "pasos para
lograr la convivencia". No habrá voceros oficiales
ni respuestas categóricas. Estamos solos. "I am
            the captain
of my fate I am the captain of my fate I am the captain
            of my fate."

["Laughter is possible laughter is possible laughter
            is possible."]

CRETA REVISITADA

Tu laberinto es retorcido:
Ariadna ha muerto
y ya no encuentro la salida.

Tu presencia se agosta en la distancia
como un bajel
naufragando en el horizonte.

El Minotauro llora en sus sueños
y los corredores incansablemente repiten
la tristeza de su llanto.

La espiral de la historia
esclaviza mi destino
a sisíficos castigos.

¿Si encontrase la salida,
estaría, acaso, malograda mi fortuna?

¿Se me derretirían las alas, ineludiblemente,
en mi frenética fuga?

¿Me precipitaría en el océano
para tropezar la muerte,

trascendiendo tan sólo
en las cenizas de tu memoria?

BENNY

On dirait que son phrasé accompagne au millimètre près
les pas d'une danseuse étoile, dont les pointes rebondiraient
sur les tambours.
GÉRARD ARNAUD

De tus ancestros yoruba y congo, de su palenque de esclavos, del olor del melado viene tu son. Cuando saliste de Santa Isabel de las Lajas, con el giro de la tómbola surgió tu encrucijada — el salto a México y tu fusión con Dámaso. Sus cobres seguían a Machito y tú en medio de ellos, con la boina hacia atrás bien enfundada dejando ver tus cabellos apretados, tu tez canela, tu bigote perfectamente recortado, tu inmensa sonrisa blanca, tus cejas arqueadas, tu traje de pachuco y el eterno habano en los labios, entonabas tus canciones como sólo tú has podido hacerlo: no importaba que las letras fueran anodinas, tu voz suave, precisa, forjaba fuegos artificiales con las emociones y te burlabas entre dientes, parodiando el mundo con humor, saltando entre la música, frenético, elástico como un mimo, vertiginoso y, sin embargo, controlado, tu voz sedosa de tenor en medio de la percusión afrocubana, "¿Y tú cómo estás? Encantado de la vida", el mambo volviéndolas locas con la Banda Gigante, tus sílabas saltan, explotan y retumban suavemente en las notas que le siguen, Bárbaro del Ritmo, Benny, guaracheando con el bobo de la yuca, te vas p'al pueblo porque hoy es tu día, los cobres de Dámaso estableciendo un diálogo con tus timbres inauditos, salta Benny, brinca, gira como un trompo, yoruba y congo cortando caña en el central, "No, Pérez Prado, que me provocas", te vas echando un pie por el campo, moré-no único, cántame a la vida, baila en el guateque, Benny, gira, gira, gira con la guajira en el tambor, tu voz se lanza ebria repiqueteando sobre los cueros, qué bárbara, Benny, vamos al vacilón, Benny, sigue para siempre con tu nota, Sonero Mayor.

VII

Purificándonos del deseo salobre
el alba de San Juan nos endulza de
arreboles, alucinados conduciéndonos
por veredas y senderos, montañas y

refugios, pueblos y ciudades, hasta
desembocar en Aguadilla — el rumor
desvertebrado de un jilguero
matutino dialoga enardecido con

el mar sereno — aristas platerescas
desafiando los túmulos y cirros,
machihembrándose con el océano cálido.
En el mutismo de la tarde, nuestras

miradas se pierden en sí mismas,
en medio de prodigios y portentos.

CURIOSIDAD BÍBLICA

Rostro de sal
lejano
solo
invertebrado
presente en la saliva
en el rincón obscuro
rostro mío
ayeruno
colosal
lejano rostro de sal
estatuario
rostro mordiendo
cayéndome adentro
me mastica ahora
mimetismo impúdico
siempre-siempre
recordando el minuto
la perpetua huida
congelada imagen
en Sodoma
solo contigo
mi rostro de sal
solo desalándose

BELIAL, TU ÍNTIMO ENEMIGO

*Amável o senhor me ouviu, minha idéia confirmou: que o Diabo
não existe. Pois não? O senhor é um homem soberano, circunspecto.
Amigos somos. Nonada. O diabo não há! É o que eu digo, se
for... Existe é homem humano. Travessia.*

JOÃO GUIMARÃES ROSA
Grande sertão: veredas

*Tu le connais, lecteur, ce monstre délicat,
— Hypocrite lecteur, — mon semblable, — mon frère!*

CHARLES BAUDELAIRE
Au Lecteur

En los orígenes fui su aliado: mi labor de adversario en su corte
era rebatirlo para probar su sabiduría infinita. Luego decidió que
pusiera a prueba la fidelidad de los humanos. ¿Por qué "nocivo",
entonces, decidieron llamarme luego? Fue con su consenti-
miento porque sabía que yo era su reflejo. Zacarías y Job supie-
ron apreciarme mas no sus descendientes. Los esenios comen-
zaron la tragedia: necesitaban recrearme para justificar su luz. Y
entre judíos y cristianos se completó el lado obscuro de mi vida
convirtiéndome en el íntimo enemigo de la humanidad. ¡Qué
injusticia! Yo, que sólo les enseñé el arte de la duda. Dicen que
soy yo el que manipulo los hilos de las marionetas. Hipócritas
lectores, qué pocas luces tienen para entender mis textos. Soy
igual que ellos, sus pesadillas hechas carne al otro lado del es-
pejo. Despierten ya, hermanos. El adversario está en sus vien-
tres incubando el pandemónium.

ÓPTICA INFINITA

A L. Meyer, in memoriam

Tus ojos que interpretan cataclismos
Tus ojos que vibran en lo incierto
Tus ojos que narran lo inaudito
Tus ojos que titilan exhaustos
Tus ojos que merecen el descanso
Tus ojos que temblaron con mi cuerpo
Tus ojos que despertaron la crisálida

Tus ojos, bóvedas marinas
Tus ojos, cilicio de mis noches
Tus ojos, lucha de delfines
Tus ojos, buril de mi romanza
Tus ojos, aguijón de mi lujuria
Tus ojos, yunque de mi entrega
Tus ojos, ocarina en la pirámide
Tus ojos, miel de mi amargura
Tus ojos, picaflor en desenfreno
Tus ojos, artífices de mi sino
Tus ojos, centauros de mis bosques
Tus ojos, karma de mi cuerpo
Tus ojos, seductores de nenúfares
Tus ojos, narcisos sorprendidos,

reflejan mi vida en un instante
fugitivo que sólo me nombra

cuando callas, tus ojos que
marcan mis senderos tortuosos,
desnudos escondidos en el puerto,
labio a labio, cuerpo a cuerpo,
tus ojos que ahora se cierran para siempre.

TÁNATOS

Alud de turbaciones, tus visitaciones nocturnas
burilan el sofoco en la carne de lo incierto.
Prosigo con mi oficio alucinado, óbice de estirpes,
irrealizable tarea en la desmesura alimentada,
inconclusa maniobra, verbo oxidado, gesto trunco,
en la cuna aprendemos a temerte,
tú eres la certidumbre única,
terror irreversible, el mórbido placer
de lo finito. El artífice cincela el texto —
franca conflagración, inusitado desafío —
tu saber se nutre en la paciencia de los ciclos,
autosuficiencia lúdica que pospone tu llegada,
no obstante tu presencia se permea por los intersticios
de la fábula — nosotros somos el anverso de tu vida;
y la nuestra son los escaques blanquinegros
en donde juegas tu partida. Imaginamos tu rostro
siempre evasivo, multitud de máscaras que nunca
prefiguran tu rostro verdadero, nuestro afán es crear
una epidermis que nos nombre cuando tú nos clausures
todas las salidas. Tu triunfo es vencernos,
indudablemente, pero el nuestro
es encerrarte en la cuartilla.

Miguel Falquez-Certain

VIII

En medio de prodigios y portentos
el sol calcina este verano las calles
de Nueva York. Ocho años nos atormentan
en el aguijón del escorpión y se reiteran
vanas promesas y rupturas inaplazables.
En Cartagena de Indias busqué la fruta
incandescente del anón y en Barranquilla
apetecí las olas del delta adormecido,
para volver a ti, ávido de goces,
insaciable en mi ausencia repentina,
vital y prístino en mi regreso túrgido
a la fuente originaria, a los labios
y a las dádivas de un amor maduro,
al temblor de un aliento en la espesura.

INICIACIÓN

A José Corrales

Corrales, al leerte se proyecta
raudo, incólume, ese Nicolasito
Pertusato de Velázquez, el mismo
que acompañó mis soledades ayer
cuando era niño, la miniatura de
galán que decía la guía de El
Prado, sobre el podenco su menudo
pie, Perico entre Meninas, diadema
hermosa adormecida en el recuerdo.
El olor a musgo de aquellas cajas
abandonadas a mi sino fueron
mundos fascinantes que me tornaron
en Quijote y Sancho, pintor mirando
su obra en el espejo reflejándolos.

X

El aro incandescente de un sol agonizante
se tiñó de negro. "Es preciso separarnos,
tomar distintos rumbos." Había que
acostumbrarnos a la idea, a vivir en

la ausencia, a aceptar el camino trunco.
Tu rostro se llenó de gotas de sudor
y en el camino habíamos dejado rezagados
anécdotas, vidas, amigos desaparecidos.

¿Qué nos quedaba ahora? Sabíamos reñirnos
como profesionales acuñando insultos
con retruécanos insulsos aunque magistrales.

Acaso partiríamos mañana y las rosas
del jardín proseguirían su ciclo de
vida y muerte: un nuevo despertar.

INTERIOR HOLANDÉS

A Joaquín Méndez Gaztambide

Otros días salta la vara rabdomántica: nos volvemos excesiva-
mente tiernos. Jugamos con Mickey Joe traspasándonos en su
crujir de oso los más elementales regocijos. Él nos mira impá-
vido sin saber cómo reaccionar. Vicariamente nos desmadeja-
mos en un déjame-estar goloso atiborrado de caricias y palabras
dulces. Entonces miramos a la luna. Esta noche nos parece her-
mosa, probablemente única. No se dan notas discordantes ante
un hogar caldeado que nos recuerda aquellos hipocaustos roma-
nos sobre los cuales alguna vez leímos juntos en la Enciclopedia
británica. Probablemente creemos que desembocamos en un
sueño en donde nuestras queridas mujeres nos ofrecen una vez
más la seguridad de la infancia.

El elemí del baúl lo encontramos suntuoso; la yema del
dedo se estremece al tocarlo. Todo se vislumbra hermoso, lleno
de matices, como si estuviéramos de nuevo en los años sesenta
bajo el influjo de un hongo mágico. Volvemos a abrazarnos y
cuestionamos con deleite nuestro amor inconmensurable. Nos
damos un beso antes de acostarnos.

Miguel Falquez-Certain

XI

"Vida y muerte: un nuevo despertar",
repetiste con sorna, añadiendo: "Para
ti todo es literatura". El chasquido
de los hielos separándose en el vaso

impidió un estallido. No hay que
insistir en las presencias ni en las
ausencias, todo es baladí al fin de
cuentas. ¿A quién habría de importarle?

"¿Qué nos quedaba ahora?", insististe.
Ocho años alejados de la promiscuidad,
amándonos sin compartirnos, forjando
las palabras silentes, necesariamente

presentidas. Siempre fue un bálsamo regresar
a tus brazos desde la noche obscura.

INVERSIÓN DE LA IMAGEN

Hurgando en mi memoria sólo busco
el ritmo de mi sangre adormecida,
canícula perpleja que domina y
reverbera el oasis de mi vida.

Espejismos burilan mi conciencia
sin escanciar la savia verdadera,
el fusco ritornelo que trastorna
la frágil robustez de mi cordura.

Los retos, el placer y el desenfreno
refulgen congelados en el tiempo
reflejando la imagen invertida:

negativo fugaz que se deslíe
en el magenta impúdico y obsceno
de un presente grosero y atrevido.

ORDALÍAS

Tenías un nombre de patriota que sonaba algo ridículo al con-
jugarlo con tu cuerpo atlético cuyos músculos parecían estar
siempre tensos. Era preciso conocerte: tus pupilas estaban dila-
tadas por la belladona — parecías a punto de estallar en una crisis
de nervios — y las palabras salían a borbotones de tus labios. No
fue fácil convencerte.

De cualquier modo, luego de un retorno fugitivo por el
viejo camino de los abedules, en donde los rojos y los verdes
ocres establecían un diálogo de fuego, me complacía sólo en ob-
servarte desde una distancia prudente: me sonreías tímidamente
y tus dientes a veces se posaban momentáneamente sobre tus
labios fulgurantes y carnosos.

Aparté mi mirada un segundo: una brisa turbia y fría bajó
precipitadamente por la cuesta y me sentí nuevamente libre. Una
luz brilló en el horizonte.

¿Cómo dejar de mirarte si por fin podía poseerte? El ho-
gar caldeaba agradablemente la cabaña y te quitaste la ropa con
desgano, tirándola por el suelo mientras caminabas descalzo so-
bre la alfombra persa. Insististe en hacer el amor frente al fuego
y una gota de sudor se desplazó silenciosa sobre tus pectorales:
relumbró un instante sobre tu tetilla en donde mis labios bebie-
ron de tu fuente.

Me incorporé y miré al fuego del hogar por un instante y en sus llamas temblorosas se repitieron los temblores de tu cuerpo. La presión de tus muslos porfiaba en un descubrimiento; dejabas de existir en la plúmbea curvatura de las llamas pero cómo negarme aquel placer inesperado. Nuestros labios se unieron en un segundo eterno en donde tu saliva me confesó tus más obscuros secretos.

¿Cómo sobrevivir sin tu belleza? Después de todo, existe dignidad en los recuerdos.

CARPE DIEM

A Pedro R. Monge Rafuls

Goza tu instante, goza tu locura
todo se ciñe al ritmo del amor.
PORFIRIO BARBA JACOB

Del álbum olvidado se desprende
jibio tu retrato y no comprendes
adónde se te fueron esos años.
Te miras con asombro y pronto dudas
que seas tú el mismo, la barba al viento,
el rostro juvenil, franca sonrisa,
el cabello alborotado — perduras
en la magia memoriosa del albur.

De improviso vives los días idos,
la insolencia, el desparpajo, ya no
le temes a la muerte, todo es puro,
el gran amor que te revela presto
los deleites, instantes fugitivos
que te devuelven al presente mudo.

TAÍNOS

A Joaquín Méndez Gaztambide

Tus manos largas prefiguran tus talentos. Cuidadosamente desenvuelves tus figuras precolombinas aunque la situación parezca insostenible. Al fondo se oye el "Agúzate" de Richie modulando la sabiduría de una lengua argótica que se regodea en lo avispado de la burla, en el desenfado altanero del boricua citadino. Tu gliptoteca particular ahora brilla espectral bajo las luces fluorescentes. Me sonríes dubitativo, tanteando las figurillas como incitándolas a que cobren vida propia. No sé qué responderte. "Three quarks for Muster Mark" se me escapa de los labios. Tal vez el silencio, la soledosa solicitud de tu sabiduría. Tu mirada me interroga y digo "Joyce" por salir del paso, sin saber si todo esto tiene sentido. No quiero que te enfades, no quiero destruir este momento perfecto. Mi rostro inclinado sobre el tuyo analiza las figuras indígenas bajo la luz glacial de la lámpara. "Son grotescas", te digo mientras beso tus manos de "El caballero de la mano al pecho".

TOMPKINS PLACE

Estarse aquí
a la orilla de la lluvia,
en una banca gris
sucia de tierra vieja,
oxidada de años —
caída casi —
con mi cara amarilla de angustia
y los ojos cansados
de ver todos los días.

Sentarse aquí
en este parque triste
(no solitario),
color de piedra y de caliche,
con su aire irrespirable —
eternizada atmósfera
cortada a veces
por las navajas del viento.

Y de golpe
todo en movimiento.
Este parque de ladrillo
repleto de títeres ajenos
(como no presentes)
pausadamente desplazándose
en forma casi imperceptible
(dolorosamente lenta)
mirando la lluvia,

a sus gotas tercas,
caedizas sobre rostros,
gabardinas
y paraguas.

Estarse allí observando
cómo llueve movimiento,
todo gira girando en su eje loco:
los perros tras el hueso de caucho —
que saben es de caucho
y, sin embargo, lo recogen —
los barbudos repitiendo
el desplace de sus músculos,
de sus risas tontas,
acompasadamente,
todo ya monótono,
como si acaso aquello
no fuese un despertar.

Y de súbito el jazz,
su revolución sonora,
su lamento sincopado
de viento y percusiones —
rítmicos palillos que se caen,
formas inmediatas de reemplazo
anunciando los registros
del violín eléctrico,
de su estridencia insólita;
los solos que modulan
tercamente,

que arrastran —
cañonean —
y nos reconcilian
con la vida;
sudores y ojos idos,
golpes de mejilla
que todos siguen
con sus manos.

Mientras tanto
la mujer alta con su cara
de panocha,
con sus lentes grandes-grandes,
redondos de simpleza,
sonríe como Drácula
sonriendo de tristeza.

Son los *jazzmen*
sonámbulos y mágicos
que viajan en la música
estableciendo su mundo
entre las piedras.
Cómo decir que no
si está lloviendo
y las piedras son
para cualquiera.
De pronto me encuentro
con mi secreta máscara
empapado por la lluvia,
con su agua tenaz que forma

sonidos caprichosos.

Todo gira girando
y ver de lejos
la tarde que se escapa
filtrándose en la noche.

Sentir luego mi amargura sola —
su sabor a pimienta y a comino
y el ardor que me deja en la mirada.

SCHERZO MOLTO PAZZO

A quien pueda interesarle: aunque sólo
le reitero mi afecto obligatorio,
es cierto que la vida
nos enseña iguales cosas.

Valga, desafortunadamente, la observación
teológica — la muralla china
es de la imaginación cuestión pura,
aunque jamás para la calumnia

la herramienta de la lucha
se convierta en el desorden.
El amor se identifica con el odio:
el mundo no alimenta las formas

paralelas — o histéricas — del desorden.
Tan sólo coquetear con el sadismo
que conjuga la estética
del melodrama: "Tosca,

finalmente mia". El consenso
de los brazos armados define
el menisco de los militares con casco:
acepto el repertorio de garantías —

la transparencia espiritual —
y el reparto de los auxilios del fusil.

¿Hay que aceptar que no puedo amarle?
Aunque es preciso que acceda

que el occiso sea identificado, hay
que contar con la racha violenta —
copia auténtica —, espiritual y castrense.
Los jóvenes novilleros degustarán

la luna de miel — lo acepto —
si bien la madeleine atomiza
mi taza de té. Todo es un juego
de palabras majaderas — la tautología

es un caso extremo: contradice los límites
del mundo — el barajar de los signos.
« Longtemps, je me suis couché
de bonne heure »: nunca mantuve su punto

de vista en los asuntos de negocios.
¿Reubicarme o abdicar la independencia?
"La transparencia espiritual",
dijo una atribulada señora.

La vida nos enseña iguales cosas,
mas para volver a amarle
tendría que volver a odiarle —
aunque se expiden copias a los interesados.

XII

A tus brazos desde la noche obscura
regreso impenitente. Te busqué por las
calles de París, en las playas del Condado,
en los zaguanes de Cartagena de Indias,
en los recovecos adoquinados de San Juan
sin encontrar tu olor a madrugada, tu risa
maestosa y salutífera, la maestranza
de tu humor equinoccial e insólito.
De ahora en adelante no conoceremos
los caminos. En las playas de Añasco
el mar jugará con tus caricias. El
tiempo alimentará el olvido en los
rituales de nuestras vidas compartidas.
Nuestra pasión se convertirá en literatura.

ARTES CULINARIAS

El achiote cruje en la cocina expandiéndose en el aire. Hoy es sábado y estamos "muertos para el mundo". Esos viernes tempestuosos que se alargan tercos en amaneceres turbios nos dejan exhaustos. Preparas un sancocho suculento en donde cada vitualla adquiere una individualidad marcada. Las entrañas de las aves y un paté criollo se degluten con un Marqués de Riscal. Las sartenes vuelan y caen por el suelo; te has quemado y la adrenalina te sube por los cielos. Pero ese olor a culantro y a cebolla pacifica tu intolerancia con los objetos.

Mis escritos han sido clisados en un país remoto. Escuchas sin mucha atención mis "textos" en donde un pensamiento trata de liberarse con la ayuda de un ensueño verbal. "No lo entiendo", me dices al desgaire mientras muerdes delicadamente una yuca tierna, perfumada de esencias caribes. Trato de explicarte la razón de la anadiplosis, por qué trasunta el fervor de una existencia abandonada. Sin embargo, la yautía y el picante de la sopa nos despejan el olfato atolondrado, casi adormecido. El placer de un platón le da el mentís a cualquier derivación existencial.

QUINTO ANIVERSARIO

Aquellos pequeños y primeros artilugios, el sortilegio de los primeros días han desaparecido en los efluvios de los días inútiles. Acaso un beso gigantesco de carnales goces incrustado en los recovecos del asueto, de la verdad mentida en los estandartes del recuerdo loco, del cuerdo acontecer que desmenuza la hipotética sabiduría de los dos mil días transcurridos en el desvelo ante el beso negado y en el barruntar de los deseos con el silogismo hirviente de tu mirada ciega: los tizones de avellana entreverados en la sinalefa inconsútil de tus labios.

Quizá fue el regreso premeditado al recuerdo encarnizado de los años distantes, alejados, vueltos cieno. El regreso, quizá, mas no la rutina de los deseos ausentes ante un cuerpo transparente, una sonrisa convertida en la mueca del pecado.

VIAJERO VITAL

No quiero tu sombra,
no quiero tus palabras.
Sólo el silencio
para alimentar mis días.
Sólo mi saliva amarga
para saciar mi sed de ti.
Mi hambre,
con el pan de tu recuerdo,
morirá calladamente;
acostumbrándose,
se desgajará en sí misma,
indiferente.

No quiero tu mirada triste
ni ser la sombra de tu sombra.
Sólo desterrar la búsqueda
y caminar sin la zozobra.
Hacerme elemental y simple —
un punto en la distancia.
Sólo robarle la confianza
a la palabra noche
y no rastrear tu rostro
en los rostros de los otros.

Andar, andar,
andar muchísimo
por diversos caminos

y costumbres.
Sólo así me toparé
otro rostro
que me dé la luz
de su mirada.

Y vendrá solo —
sin llamarlo.
Deliberadamente
recortando
las distancias.
Acercándose sereno
por sí mismo
a compartir mi vida:
las raíces de mi tierra.
Y juntos seguiremos construyendo
los caminos del recuerdo.

XIV

Una década de amor nos sustentará en la tierra
y de la mano de un niño encontraremos el camino.
Sobre la silueta nocturna de Manhattan una
sinfonía de colores modula en este 4 de julio.

La luna parece un torbellino ensangrentado
y un dirigible fantasmal surca silencioso
los meandros de rascacielos y artificios.
La gran aureola y el torbellino aparatoso

no parecen un final sino un principio.
Las calles paulatinamente derraman su
estropicio chauvinista. El East River

parece una pista de hielo en su estatismo.
Al alba, a casa regresamos silenciosos
en medio de prodigios y portentos.

MUERDE EL ANÓN

A Joaquín Méndez Gaztambide

Como quiera que sea, el mundo
es todo aquello que la hipótesis
incluye. A raíz del incidente
las astracanadas abundan y fijan
el significado entre líneas. Los nombres

son elípticos — no describen nuestra
situación agónica. No hay que nominarla
adrede: la propuesta apunta
al vacío sin sentido y ésa es la forma
en que las cosas están entre nosotros.

Mil días cuentan, como la rosa
que quiere ser fantasma. Sé que soy
inconsecuente: el mundo es una añagaza
en donde los muertos sobreviven. Mas no me
amedranto: soy consecuente en mi inconsecuencia.

Sin embargo tus labios pucheran al vacío —
no notan las maniobras que fraguan las curules.
No tiene sentido — es igual pero no es lo mismo.
Todas las posibilidades existen
simultáneamente. ¿Pero quién resulta

elegido? La treintena nos ofrece

los murmullos de una mortalidad
inminente. La escalera hay que botarla
luego de haberla utilizado. Piensa:
todas las posibilidades son

estadísticas. El texto antagoniza
el mundo, esbozando su reflejo.
En el reino de la lógica
tu fantasía es factible. Un pacto
no debemos firmar

si deseamos que seamos
escogidos. Tu cuerpo recalcitra
los jugos de un encuentro.
No obstante mil días fijan
la ansiedad en la tabaquera

anatómica. El mundo es todo
aquello que la hipótesis incluye.
Si no podemos discutirlo
es mejor que confabulemos
en el silencio indiscutible.

NUEVO ANTURIO

Tu cuerpo mío
cayéndose
(cintura morena
sin amarres)
en tu centro
yo
teniéndote
mía tu sonrisa
tu rostro simple
(anturio,
inexperiencia)
yo enseñándote
mis besos
mi saliva
dándote
dándote la vida
tembloroso
tu cuerpo mío
descubriéndote
besando
tu lágrima de asombro
yo
tuyo entero
para siempre.

LOS CAMPOS DE MARTE

...that attractive rainbow that rises in showers of blood
— that serpent's eye that charms to destroy.
ABRAHAM LINCOLN

Patriotism is the last refuge of a scoundrel.
SAMUEL JOHNSON

Al surgir el mancebo de la selva,
su rostro imberbe embadurnado mira
azaroso la fusca confluencia:
el fusil apunta con temor, nada
le asegura la validez, la justa
medida de su sacrificio; el sol
calcina sus designios, los tremores
de la tierra se aúnan a su cuerpo,
e insiste en avanzar, la patria llama
al concepto equivocado, el rumor
del enemigo lo alucina, ebrio
arremete mancillando el tricolor
hermano y pisando en falso, su cuerpo
hermoso y virgen salta en mil pedazos.

QUO VADIS

Nisus erat portae custos, acerrimus armis,
Hyrtacides, comitem Aeneae quem miserat Ida
venatrix, iaculo celerem levibusque sagittis,
et iuxta comes Euryalus, quo pulchrior alter
non fuit Aeneadum Troiana neque induit arma,
ora puer prima signans intonsa iuventa.
His amor unus erat pariterque in bella ruebant;
tum quoque communi portam statione tenebant.
VERGILIUS
Aeneis, IX: 176-183

¿Cómo poder negar el fusco camino recorrido? La vegetación feraz del Río Magdalena explotaba en alucinantes bólidos mientras la tropa buscaba una formación eficiente ante el presunto enemigo. Un turbión torrencial sacó de raíz al guayacán obligándonos a buscar refugio en el kilómetro cero. Sólo entonces tu rostro se dibujó en la candela de la hoguera. Temblamos de frío al recordar con placer una carrera compartida en otros tiempos, una victoria que yo te había ayudado a conseguir. Tus labios estaban húmedos, paladeabas con gusto cada palabra enunciada en la neblina hostigante, tu lengua jugaba con tus labios, remordías aquí y allá rastros fulgurantes.

Los rescoldos se apagaron con los últimos vestigios de la garúa pertinaz y en el sopor abrumante de esa ribera desierta hicimos el amor. Poco a poco nos fuimos despojando de los uniformes que nos impedían conocernos más a fondo: nuestros bálanos turgentes capiroteaban embriagados y nuestros labios florecían henchidos con el mordisqueante tesón de nuestros besos. Los cuerpos se sacudieron en el benjuí de nuestros jugos fugitivos mientras descendíamos por aquella marisma fustigante y nuestras manos acariciaban las natises: al abrazarnos en el chiaroscuro de la selva, mi rostro conoció tu rostro, nuestras manos se unieron en fértiles y calípigas caricias.

El rumor de la guerra golpeó con furia nuestros sueños. En la otra ribera estaba el vivaque enemigo. Aún embelesados por los zumos del encuentro, nos ofrecimos a cruzar el río, al asalto sorpresivo de los bárbaros. La truculencia en la batalla no nos era ajena. Natátiles, flotamos con los lotos gigantescos del martillo. Nadie había considerado esa alternativa y enajenados nos desplazamos subrepticiamente por las barrancas cortando las cabezas de los guardas que yacían indefensos en la modorra de la juerga nocturna. La arenilla blanca se vistió de púrpura y un turbión de sangre desembocó en el delta. Habíamos triunfado.

De un recodo nos emboscó una patrulla exploratoria y sólo vi cuando de un tajo tu cabeza cayó rodando por la colina hasta empalarse en la picota enemiga.

EL RADICALISMO DE UN FUTURO

Dicen que en el garito (que es la vida) y entre hermanos,
la tierra y el agua son de todos y se reparten por igual,
pero no os engañéis, que en el pasado, el presente y el después,
en el ayer que ya no es, en el ahora que sólo existe y en el
                                                   futuro
que aún no es, las cosas tienen el nombre que el lobo les asigna
en su lucha sin cuartel por poseer, hoy y tú, mañana y yo,
ayer y él, no somos en las circunstancias que nos dais sino
en las que decidamos nominar, el hombre y la mujer,
la garota y el chaval, el lobo, la zorra y el bufón, todos
circulan indefensos y sublimes por los meandros mercuriales
del dolor y del placer, tú y yo somos uno en la miseria
del tener, pero múltiples, unívocos y solidarios
en la cinta infinita y variopinta de Möbius en la que todos
sin temor nos encontramos, hoy y ayer y en el futuro
que aún no es, los hermanos sin revés, la calma ahíta
de la tierra en la que el agua, la suma de las cosas
y el placer, la ternura del momento en que el sinsonte
catapulta la sonrisa tintineante del reconocimiento
unánime y solidario, vibrante en su inocente
madurez, saldremos, tú y yo, los vecinos y el nogal,
la humanidad entera en su sabrosa idoneidad,
adelante dando tumbos y hallando el equilibrio,
la perfecta testarudez de una síntesis mortal,
construyendo el radicalismo de un futuro que es
presente sin fronteras, sin pronombres posesivos
en su turbulenta y engañosa realidad, la vida,

las cosas, la madera del nogal, la cama en la cintura
del huésped que eres tú y la risa que soy yo,
mi angustiosamente resuelta humanidad,
porque hoy, que no es ayer, construimos
la nervuda y musculosa realidad en la fragua
centelleante de la paz, discurriendo en el presente
y no en el futuro que aún no es, sin presiones
verticales ni ansias reprimidas, desenvolviéndonos
como lúdicas serpentinas en la irreductible
consonancia de un yo plural, el hoy en su cálida
presencia de brumas y arreboles, cara al sol,
sin antes ni después, en la elipsis transitoria
del placer y del saber, el hombre y el chaval,
la garota y la mujer, danzando en el círculo
inconcluso y seductor del atardecer, retomando
el día en la noche y el temblor, en las cenizas
del lobo y en el estertor de un nuevo amanecer,
solos, tú y yo y la entera humanidad, en el discurso
sinuoso y convincente de la solidaridad.

ACERCA DEL AUTOR

Miguel Falquez-Certain nació en Barranquilla en 1948. Ha publicado cuentos, poemas, piezas de teatro, ensayos, traducciones y críticas literarias, teatrales y cinematográficas en Europa, Latinoamérica y los EE.UU. Su obra poética, dramática y narrativa ha sido distinguida con numerosos galardones. Licenciado en literaturas hispánica y francesa (Hunter College). Cursó estudios de doctorado en literatura comparada en New York University.

Es autor de los poemarios *Reflejos de una máscara* (Nueva York: Editorial Marsolaire, 1986); *Proemas en cámara ardiente* (México, D.F.: Impresos Continentales para la Colección Brújula, 1989); *Habitación en la palabra* (Nueva York: Editorial Marsolaire, 1994); *Doble corona* (Río Piedras, Puerto Rico: Mairena, 1994; Nueva York: Editorial Marsolaire, 1997); *Usurpaciones y deicidios* (Nueva York: Editorial Marsolaire, 1998) y *Palimpsestos* (Nueva York: Editorial Marsolaire, 1999); de la novela corta *Bajo el adoquín, la playa* (finalista en el Primer Concurso de Novela Breve "Álvaro Cepeda Samudio" de Bucaramanga en 2003 y publicada por Sic Editorial como premio alternativo en febrero de 2004); y de *Triacas* (Nueva York: Book Press, 2010), compilación de su narrativa breve.

Galardones en los concursos de poesía del Fresh Meadows Poets (1992); del Primer y Segundo Concurso de Poesía del Instituto de Escritores Latinoamericanos de Nueva York (1989 y 1990); de la revista Lyra (1989 y 1990) y de Linden Lane

Magazine (1987). Sus poemas han aparecido en numerosas revistas (Mairena, Mariel, Brújula, La nuez, Realidad aparte, Huellas, Hybrido y La ñ, entre otras) y en varios sitios en la Internet. Una muestra extensa de sus poemarios apareció en Entre rascacielos: Nueva York en nueve poetas (Riobamba, Ecuador: Casa de la Cultura, 1999) y en Entre rascacielos / Amidst Skyscrapers: doce poetas hispanos en Nueva York / Twelve Hispanic Poets in New York (Riobamba, Ecuador: Casa de la Cultura, 2000). Asimismo fue incluido en Veinte poetas al fin del siglo (Nueva York: Ollantay Press, 1999), en una antología de la poesía homoerótica moderna publicada en griego en Atenas en 2005; en Voces de América Latina (Kingwood, TX: Mediaisla Editores, 2016), María Farazdel (Palitachi), compiladora; y en El soneto en Colombia (Medellín: Universidad Eafit, 2017), Jaime Jaramillo Escobar, antólogo, entre otros.

Sus cuentos han aparecido en varias antologías y es autor de seis obras de teatro. Su pieza *Quemar las naves* obtuvo el primer lugar en el concurso de dramaturgia "Nuestras Voces" del Repertorio Español de Nueva York en 2002.

Participó en talleres de dramaturgia dictados por Sergio Vodanovic, José Triana y Hugo Argüelles y de narrativa por Manuel Puig, Reinaldo Arenas, E.L. Doctorow y Alain Robbe-Grillet; fue subdirector de Ollantay Theater Magazine (1993-2000) y editor del libro de ensayos *Nuevas voces en la literatura latinoamericana / New Voices in Latin American Literature* (N.Y.: Ollantay Press, 1993).

Mañanayer (compilación de sus seis poemarios) fue publicado en 2010 por Book Press-New York y obtuvo la única mención honorífica en la categoría de "Mejor poemario en español o bilingüe" en el 2011 International Latino Book Awards.

Vive en Nueva York desde los años sesenta donde se desempeña como traductor en cinco idiomas.

COMENTARIOS CRÍTICOS SOBRE LA OBRA POÉTICA DE MIGUEL FALQUEZ-CERTAIN

Reflejos de una máscara es un bello libro que he leído con verdadero entusiasmo: fluye como un río en donde se reflejan nuestras mismas penas. Clásico y moderno, con ecos del mejor y más perdurable Romanticismo, *Reflejos...* excluye todo lo superfluo de la poesía contemporánea.

REINALDO ARENAS

Proemas en cámara ardiente intentan traspasar los límites impuestos por la lírica tradicional. Falquez-Certain le presenta al lector unas breves narraciones en prosa que hacen uso de recursos poéticos (la analogía, la condensación, la explotación de ritmos, los juegos de palabras, etc.). Estos diez *proemas* fueron escritos para leerse en conjunto como un tipo de "diario poético" en el cual el escritor reflexiona sobre una relación amorosa desde el "Primer encuentro" hasta el "Quinto aniversario". La preocupación central de la voz poética es el amor... recuerdos poetizados, o sea, momentos de una realidad íntima sometidos a un ensueño poético. De ahí que las palabras ya no sean simplemente descriptivas, sino realidades portadoras de vivencias, sentimientos y sugerencias. La preocupación por la creación poética (la problemática de la expresión que preocupó a Ponge y sigue preocupando a gran parte de los poetas contemporáneos) se articula a través del texto.

FRANCISCO SOTO
En Nuevas voces en la literatura latinoamericana

La poesía de Miguel Falquez-Certain tiene más de insinuación que de pronunciamiento. Y en esa condición abierta al impulso imaginativo – el pronunciamiento fija, la insinuación abre horizontes – radica su validez para ser lo que es: poesía.

MEIRA DELMAR

Intelectualmente riguroso en su ejecución, este poemario [*Reflejos de una máscara*] es el desenmascaramiento espiritual de un poeta profundo en sus preocupaciones y audaz e insólito en sus imágenes y su música.

JAIME MANRIQUE ARDILA

La poesía de Miguel Falquez-Certain es paradójicamente culterana y culta y al mismo tiempo sencilla y popular. Muchas veces desciende (o asciende) gloriosamente hasta lo cotidiano. Lo cotidiano bello. Este sube-y-baja culmina en una explosión orgiástica: el último poema titulado "La palabra habitada". Palabra cuyos habitantes, Judit, Ester, Píndaro, las sombras de Baudelaire y Baco, Janis Joplin y Merce Cunningham, entre otros, son atendidos nada menos que por Ganimedes (el de la cintura temblorosa) y por el rebelde Céfiro, que a ratos les sirven vino y a ratos les destrozan las frentes obligándolos a besar el terreno irreal y fértil.

JOSÉ CORRALES,
sobre *Habitación en la palabra*

"Nuestra pasión se convertirá en literatura", escribe Miguel Falquez-Certain en la extraordinaria secuencia de sonetos *Doble corona,* y los trillados tormentos del deseo, del éxtasis del amor y de la tragicomedia doméstica son transformados en un barroco erotizado por una memoria proustiana.

JAIME MANRIQUE ARDILA

Palimpsestos es un poemario de variado pelaje, donde la metáfora, el oxímoron y el culto a la écfrasis (plasmación literaria de un motivo icónico) constituyen no sólo recursos poéticos sino la urdimbre misma donde se imbrican varias realidades y deseos (a la maneracernudiana) que se yuxtaponen en ese tapiz del poema, a veces patinados por el tiempo, a veces frescos y vívidos como el más reciente ayer.

GERARDO PIÑA ROSALES
Presidente de la Academia de la Lengua Española en los EE.UU.

Y en las cuartillas de este libro, Falquez-Certain ha logrado apuntarse un triunfo contundente contra "el quietismo de la muerte". Cernudiano en su amargura, libro de terribles apotegmas ("La libertad es una palabra / esculpida en una estatua"), *Habitación en la palabra* es como una telaraña gótica de hilos rutilantes, en la cual experimentamos el éxtasis de la creatividad antes de encontrar a la parca que a todos nos devora.

JAIME MANRIQUE ARDILA

Dentro de la "prosa" de *Usurpaciones y deicidios* la poesía es como un ente merodeando la reunión de comparseros y dejando de ser género literario para convertirse en algo completamente natural. Si he colocado *Usurpaciones y deicidios* en, digamos, un lugar de honor, se debe a mis experiencias y gustos personales y además porque, emocional, técnica y poéticamente, este libro confirma una vez más a Miguel Falquez-Certain como uno de los poetas más estimulantes de la Nueva York de habla castellana.

José Corrales

Mañanayer es otra batalla ganada en la guerra contra la muerte, contra el silencio, contra el olvido. Reunir la obra poética de cuatro décadas y estructurarla como un "viaje en reversa" se constituye en un triunfo contra el fatalismo del tiempo, contra su unidireccionalidad. Al tiempo lineal, al tiempo de la guerra y de la muerte, se le contrapone un tiempo cíclico que promulga lo eterno. El viaje desde la rosa eterna, en el primer poema de la nueva colección, hasta la criatura en el acuario del viejísimo poema que la cierra, es un regreso al origen y una disolución del poder destructor del tiempo. Mañana y ayer, las dos palabras que se juntan, que aprisionan al silencio en su centro y lo destruyen, son una paradoja interminable que hace del tiempo un prisionero en la cuartilla. Esa palabra con aire de verbo intransitivo, como nevar, como llover, es una nueva refutación del tiempo en la eterna batalla entre lo temporal y lo eterno.

Gustavo Arango
State University of New York – Oneonta

El erotismo alienta la poesía de Miguel Falquez-Certain. Su palabra es robusta, colorida, tentacular. A veces leía sus poemas como un hombre desnudo que se despereza en la tarde. . . Sus poemas se levantan, bostezan, muerden una uva y se echan otra vez a esperar el festín de la noche. Hay fiesta, movimiento y sabor de un Caribe recobrado por una mirada cosmopolita, culta y muy cinematográfica. Cada poema sirve un plato suculento a los sentidos. Es bella la manera en que un aire sensual toca todo en la mente del lector y lo convierte en otro motivo.

FREDY YEZZED
New York, enero 2018

ÍNDICE

Colección
PIEDRA DE LA LOCURA
Antologías personales
(Homenaje a Alejandra Pizarnik)

Colección
MUSEO SALVAJE
Poesía latinoamericana
(Homenaje a Olga Orozco)

Colección
TRÁNSITO DE FUEGO
Poesía costarricense
(Homenaje a Eunice Odio)

1
41 meses en pausa
Rebeca Bolaños Cubillo

2
La infancia es una película de culto
Dennis Ávila

3
Luces
Marianela Tortós Albán

4
La voz que duerme entre las piedras
Luis Esteban Rodríguez Romero

5
Solo
César Angulo Navarro

6
Échele miel
Cristopher Montero Corrales

7
La quinta esquina del cuadrilátero
Paola Valverde

Colección
MUNDO DEL REVÉS
Poesía infantil
(Homenaje a María Elena Walsh)

1
Amor completo como um esqueleto
Minor Arias Uva

2
Juguetería
Byron Espinoza

◆ ◆ ◆

Colección
PARED CONTIGUA
Poesía española
(Homenaje a María Victoria Atencia)

1
La orilla libre
Pedro Larrea

◆ ◆ ◆

Colección
CRUZANDO EL AGUA
Poesía traducida al español
(Homenaje a Sylvia Plath)